भूल जाओ पुराने सपने

भूल जाओ पुराने सपने

नागार्जुन

वाणी
प्रकाशन

प्रकाशन के उत्कृष्टतम 61 वर्ष

सजिल्द पहला संस्करण : 1999
सजिल्द दूसरा संस्करण : 2024

vaniprakashan.com

वाणी प्रकाशन

4695, 21-ए, दरियागंज, नयी दिल्ली-110 002

फ़ोन : +91 11 23273167, 23275710

शाखाएँ

अशोक राजपथ, पटना-800 004, बिहार

कॉफ़ी हाउस कैम्पस, महात्मा गांधी मार्ग, प्रयागराज-211 001, उत्तर प्रदेश

महात्मा गांधी अन्तरराष्ट्रीय हिन्दी विश्वविद्यालय, वर्धा-442 001, महाराष्ट्र

sales@vaniprakashan.in
vaniprakashan@gmail.com

Bhool Jao Purane Sapne
by Nagarjun

ISBN : 978-81-7055-331-1
Poetry Collection

मूल्य : ₹ 395

जी.एस. ऑफ़सेट द्वारा दिल्ली-110 095 में मुद्रित

वाणी प्रकाशन का लोगो मक़बूल फ़िदा हुसेन की कूची से

यह संग्रह–

•• लगभग चार वर्षों के बाद नागार्जुन की कविताओं का एक और संग्रह—'भूल जाओ पुराने सपने।'

•• हिन्दी साहित्य जगत में प्रायः यह बात लोग जानते हैं कि नागार्जुन की काफी रचनाएँ खोई-बिखरी हैं। खोई और बिखरी में अन्तर है। खोई हुई रचनाएँ उसको कहेंगे जो छपे बिना ही इधर-उधर हो गयीं। बहुत प्रयासों के बाद तत्काल मिल न पा रही हों। बिखरी रचनाएँ पत्र-पत्रिकाओं में प्रकाशित होकर भी संकलित न हो पायी हों।

•• इस संग्रह की अधिकांश कविताएँ खोई हुई थीं। किसी कॉपी या नोट बुक में ये कविताएँ नहीं लिखी गयीं। आए हुए पत्रों की खाली जगह, निमंत्रण पृष्ठ के पीछे, कैश मेमो-बिलों के पीछे, पुस्तकों के शुरू और अन्त में सादा पृष्ठों, पुस्तकों के डस्ट कवर्स के भीतरी हिस्से, छोटे-बड़े स्लीपों आदि को इन कविताओं को लिखने के लिए उपयोग में लाया गया है। लिखने के बाद ये रचनाएँ कुछ समय तक रचनाकार के साथ घूमती रहीं। हाँ, कोई सम्पादकनुमा व्यक्ति इसे उनसे ले पाया तो पत्र-पत्रिका में छप गयीं। अन्यथा पुराने कागजों के बीच यहाँ-वहाँ कहीं भी दबकर गायब-सी हो गयीं ये कविताएँ। इन रचनाओं को कई नगरों

से उपलब्ध करना पड़ा है।

- नागार्जुन की एक विशेषता यह है कि रचना शुरू करने के पूर्व तिथि अवश्य ही लिखते हैं। कविताओं की पंक्तियों को गिनकर पंक्ति संख्या अवश्य ही अंकित करते हैं। संग्रह को व्यवस्थित करने में इससे सहायता मिली है।

- कुछ कविताएँ पत्र-पत्रिकाओं से ली गयी हैं। सुविधा के लिए रचनाओं के साथ लेखन-काल डाल दिया गया है। हाँ, दो कविताओं (एक पत्र और कीर्ति का फल) की रचना तिथि बहुत प्रयास के बाद भी नहीं मिल पायी।

- पाठान्तर या पाठ दोष की सम्भावना यदि है तो हमारी लाचारी है।

–शोभाकान्त

अगस्त, 1993

क्रम

भूल जाओ पुराने सपने

सियासत में
न अड़ाओ
अपनी ये काँपती टाँगें
हाँ, महराज,
राजनीतिक फतवेबाजी से
अलग ही रक्खो अपने को
माला तो है ही तुम्हारे पास
नाम-वाम जपने को
भूल जाओ पुराने सपने को
न रहा जाए, तो —
राजघाट पहुँच जाओ
बापू की समाधि से जरा दूर
हरी दूब पर बैठ जाओ
अपना वो लाल गमछा बिछाकर
आहिस्ते से गुन-गुनाना :
"बैस्नो जन तो तेणे कहिए
जे पीर पराई जाणे रे"
देखना, 2 अक्टूबर के
दिनों में उधर मत झाँकना
—जी, हाँ, महाराज !
2 अक्टूबर वाले सप्ताह में

राजघाट भूलकर भी न जाना
उन दिनों तो वहाँ
तुम्हारी पिटाई भी हो सकती है
कुर्ता भी फट सकता है,
हाँ, बाबा, अर्जुन नागा !

11.10.79

स्वगत :
अपने को संबोधित

आदरणीय,
अब तो आप
पूर्णतः मुक्त जन हो !
कम्प्लीट्ली लिबरेटेड...
जी हाँ, कोई ससुरा
आपकी झाँट नहीं
उखाड़ सकता, जी हाँ !!
जी हाँ, आपके लिए
कोई भी करणीय-कृत्य
शेष नहीं बचा है—
जी हाँ, आप तो अब
इतिहास-पुरुष हो...
स्थित प्रज्ञ—
निर्लिप्त, निरंजन...
युगावतार !
जो कुछ भी होना था,
सब हो चुके आप !
ओ मेरी माँ, ओ मेरे बाप !
आपकी कीर्ति—

जल-थल-नभ में गई है व्याप !
सब कुछ हो आप !
प्रभु क्या नहीं हो आप !

क्षमा करो आदरणीय,
अकेले में, अक्सर
मैंने आपको
दुर्वचन कहे हैं !
नहीं कहे हैं क्या ?
हाँ, हाँ, बारहाँ कहे हैं
मैंने आपको दुर्वचन
जी भर के फटकारा है,
जी हाँ, अक्सर फटकारा है
क्षमा करो प्रभु !
महान हो आप...
महत्तर हो, महत्तम हो
क्या नहीं हो आप ?
मेरी माँ, मेरे बाप !
क्या नहीं हो आप ?

8.5.79

इतना भी काफी है !

बोल थे नेह-पगे बोल,
यह भी बहुत है ! इतना भी काफी है !
औचक ही आँख गए खोल,
यह भी बहुत है ! इतना भी बहुत है !
गाहक थे, पता चला मोल,
यह भी बहुत है ! इतना भी बहुत है !
अचल था तन, मन गया डोल,
यह भी बहुत है ! इतना भी काफी है !
लौटे हो, लगी नहीं झोल,
यह भी बहुत है ! इतना भी काफी है !

2.2.80

कैसे रहा जाएगा...

यह क्या हो रहा है जी ?
आप मुँह नहीं खोलिएगा !
कुच्छो नहीं बोलिएगा !
कैसे रहा जाएगा आपसे ?
आप तो डरे नहीं कभी अपने बाप से
तो, बतलाइए, यह क्या हो रहा है ?
कौन पा रहा है, कौन खो रहा है ?
प्लीज बतलाएँ तो सही...
अपनी तो बे-कली बढ़ती जा रही
यह क्या हो रहा है जी
प्लीज बतलाएँ तो सही...

26.2.79

आइए हुजूर

ओ हो हो हो
आइए हुजूर, आइए !
आ हा हा हा
बड़ी मुद्दत के बाद दिखाई पड़े हुजूर !
कहाँ ले चले हैं तशरीफ
खरामा खरामा चल रहे हैं
पैरों में क्या कोई तक़लीफ है हुजूर ?
मैं हुजूर की क्या खिदमत करूँ, हुजूर !
हाय हाय हुजूर...
होय होय हुजूर...
मगर ये क्या बात हुई हुजूर
कि हुजूर से चला नहीं जा रहा है अब
पहले तो जब जब मुलाकात हुई
तब तब लगता था कि
हुजूर ने 'चलना' तो सीखा ही नहीं
सरपट भागना ही—सीखा है हुजूर ने !
मगर अब ये क्या बात हुई हुजूर
कि, हुजूर से चला नहीं जा रहा है...

5.3.79

लाठी-गोली आबाद रहे

हमने सरकार बनाई है
सरकार चलेगी हम से ही

लाठी-गोली आबाद रहे
तो बात बनेगी कम से ही

इन मूँछों पर बिच्छू थिरकें
बँधुआ श्रमिकों के दम से ही

बाकी बातों में क्या रक्खा
धरती फटती है बम से ही

साँस खींचो

करो गर्जन, करो तर्जन, साँस खींचो
सींग झाड़ो, खुरों से कीचड़ उलीचो
दिखावट के ओ झरोखो, ओ दरीचो
हवा तक तुमसे सहमती, आँख मीचो
और क्या क्या बनोगे अब, अरे नीचो
तुम्हें क्या है, कुवेरों के बाग सींचो
सींग झाड़ो, खुरों से कीचड़ उलीचो
करो गर्जन, करो तर्जन, साँस खींचो

30.3.79

अपना यह देश है महाऽऽन

अपना यह देश है महाऽऽन !
जभी तो यहाँ चल रहा भेड़िया धसाऽऽन !
शब्दों के तीर हैं जीभ है कमाऽऽन !
सीधे हैं मजदूर और बुद्धू हैं किसाऽऽन !
लीडरों की नीयत कौन पाएगा जाऽऽन
अपना यह देश है महाऽऽन !

6.11.79

जपाकर

जपाकर दिन-रात
जै जै जै संविधान
मूँद ले आँख-कान
उनका ही धर ध्यान

मान ले अध्यादेश
मूँद ले आँख-कान
सफल होगी मेधा
खिंचेंगे अनुदान

उनके माथे पर
छींटा कर दूब-धान
करता जा पूजा-पाठ
उनका ही धर ध्यान

जै जै जै छिन्नमस्ता
जै जै जै कृपाण
सध गया शवासन
मिलेगा सिंहासन

18.1.82

इतना भी क्या कम है प्यारे

लाशों को झकझोर रहे हैं
मुर्दों की मालिश करते हैं
...ये भी उन्हें वोट डालेंगी !
मत पत्रों की आँख मिचोली
सबको ही अच्छी लगती है
फिर भी सच है
किस्मत उनकी ही जगती है
जैसे-तैसे जीतेंगे जो
जैसे-तैसे ज्यादा-ज्यादा मतपत्रों को
खीचेंगे जो, जीतेंगे वो
हाँ, हाँ, वो ही जीतेंगे
जी हाँ, वो ही जीतेंगे !
लाशें भी खुश खुश दीखेंगी
मुर्दे भी खुश खुश दीखेंगे
उनकी ही सरकार बनेगी

श्रमिक जनों का खेतिहरों का
छात्र वर्ग का, लिपिक वर्ग का
गिरिजन का भी, हरिजन का भी
आम जनों का
लहू चूसने की तरकीबें

नई नई ईजाद करेगी
निर्मम होकर कतल करेगी
जो भी चूँ बोलेगा, उसकी

जो भी अब सरकार बनेगी
सेठों को ही सुख पहुँचाएगी
पाँच साल फिर मौज करेंगे
लोक सभाई-लोक सभाई-लोक सभाई
सांसद-फांसद, M.L.A. गण, M.L.C. गण
पाँच साल फिर मौज करेंगे
यूँ ही बस भत्ता मारेंगे
नौकरशाही की छाया में
सुविधा भोगी बौद्धिक जनों की
उसको ही आशीष मिलेगी
धर्म धुरंधर पंडित-मुल्ला
तिकड़मजीवी ग्रंथ कीट विद्या व्यवसायी
कवि-साहित्यिक, पत्रकार, तकनीक-विशारद
सबकी ही आशीष मिलेंगी
नवसत्ता, अभिनव सत्ता को
सबकी ही आशीष बटोरेगी
फिर से सरकार

मुझ-जैसे पागल दस-पाँच
उस सत्ता को पहुँचाएँगे क्या रत्ती भर भी आँच ?
मुझ जैसे पागल दस-पाँच !
कैसी भी सरकार बने तो
उसका हम क्या कर लेंगे ?
क्या कर लेंगे, हाँ जी, उसका !

कुत्तों जैसे भौंक-भौंककर –
उसकी नींद हराम करेंगे ?
हाँ जी, हाँ जी, हाँ जी, हाँ जी !
इतना तो कर ही सकते हैं...
इतना तो कर ही सकते हैं...
यह भी तो काफी है प्यारे !
इतना भी क्या कम है प्यारे ?

मत-पत्रों की लीला देखो
भाषण के बेसन घुलते हैं
प्यारे इसका पापड़ देखो,
प्यारे इसका चीला देखो
चक्खो, चक्खो पापड़ चक्खो
गाली-गुफ्ता झापड़ चक्खो
मतपत्रों की लीला चक्खो
भाषण के बेसन का, प्यारे, चीला चक्खो...

लाशों को झकझोर रहे हैं
मुर्दों की मालिश करते हैं
निर्वाचन के जादूगर हैं
राजनीति के मायाधर हैं
इनकी जयजयकार मनाओ
इनकी ही सरकार बनाओ
पीछे देखा जाएगा जी

आएगा जो, आएगा जी
भुगतें वैसी, करनी इनकी होगी जैसी
नहीं, नहीं, सो क्योंकर होगा ?
नहीं, नहीं, सो क्योंकर होगा ?
नहीं, नहीं, सो क्योंकर होगा ?
फिर क्या होगा !
फिर क्या होगा !
फिर क्या होगा !

9.11.79

तुमको केत्ता मिला है

सौ वर्ष पुरानी बुढ़िया
अपनी झोंपड़ी के बाहर
सवेरे सवेरे
धूप सेंक रही थी
इधर-उधर लोग आ-जा रहे थे
मुझे उँगली के इशारे से
उसने रोका—
अस्पष्ट भाषा की
अवधी बोली थी :

'बाबू, क्या पाँच साल बाद
फिर वही खेल
खेलने आए हो आप लोग ?
दिल्ली से आए हो ?
चाँदी का गोल-गोल सिक्का
बिछाकर यह खेल खेलते हैं
इस बार भी क्या वही राजा बनेगा ?
क्या वही दरबारी होंगे ?
सच-सच बतलाना
तुमको केत्ता रुपया मिला है ?
कुछ हमको भी दिलवाना भइया !'

बुड्ढी का बकवास सुनने के लिए
हमारे पास वक्त नहीं था,
हम सरपट भागे
गौरीगंज वाली सड़क की तरफ !

जनसत्ता / 5 नवम्बर, 89

तुम्हें नींद नहीं आती

तुम्हें नींद नहीं आती
बीच-बीच में चौंक पड़ते हो
मिजोरम में अक्सर भुतहा आवाज उठती है
काजीरंगा का अभयारण्य
बाढ़ में डूबा रहा दस रोज
गैंडे और हाथी घुट-घुट कर मर गए
क्या तुमने उनकी सड़ी लाशें देखीं ?
इन मूक जन्तुओं की निष्प्राण काया
असम के तुम्हारे हवाई सर्वेक्षण की
परिधि में न आती थी, न आई।
अच्छा तो है तुम्हें नींद न आए
अच्छा तो है तुम चौंक-चौंक पड़ो
तुम्हारी इस नट लीला के प्रति
मेरा कवि जरा भी हम दर्द नहीं...

जनसत्ता / 5 नवम्बर, 89

तेरा क्या-क्या होगा ?

तेरा क्या-क्या होगा ?
निरीह भोले !
तेरे को कभी पता नहीं चलेगा
तेरी इस छवि का,
तेरी उस छवि का,
क्या-क्या इस्तेमाल हुआ !
निकट भविष्य में
या दूर भविष्य में
कहाँ-कहाँ, कब-कब
तेरी इन छवियों का
कैसे-कैसे इस्तेमाल होगा,
तेरे को कभी पता नहीं चलेगा

लगभग भूखा ! लगभग नंगा तू
अभी क्या खाना चाहता है ?
पेट भर जाने पर
तू क्या-क्या पहनना चाहेगा ?
क्या-क्या ओढ़ना चाहेगा ?
पेट भर जाने पर
यों ही उलंग—
तू भाग जाना चाहेगा

अपने सम-वयसी
उलंग साथियों के बीच
तू उन्हें दस पैसे पाँच पैसेवाला
यह ताजा सिक्का
नहीं दिखाना चाहेगा ?

3.3.89

ऊर्जा हमारी अखूट-असीम

मुँह की खाएँगे हमीं से
वर्ग शत्रुओं के अर्जुन और भीम
ऊर्जा हमारी
अखूट-असीम
फिर से महाभारत
जमा नहीं पाएँगे
दुःशासन-दुर्योधन
काम नहीं आएगा
गीतावाले सारथी का
छलिया प्रबोधन
अबकी करेंगे हम
महर्षि वेद व्यास का ही
सचमुच संशोधन
आत्मघात करेगा
सम्राट वो बूढ़ा अंधा
युधिष्ठिर तक नहीं देगा

अंधे ताऊ की अर्थी को कंधा
अन्त में
विदुर
करेगा
आत्मदाऽऽऽह !
किसी के मुँह से
निकलेगी नहीं आऽऽह !!

3.12.84

सबकी आँखों में उजास था

पब्लिक ने तेवर दिखलाए
गुंडों की हो गई ठुकाई
पुलिस सहमकर अलग हट गई
जैसे-तैसे आन बचाई

अपना अपना जीप सँभाला
खिसके शासन के अधिकारी
उस दिन तब जालिम जमात ने
साहस खोया, हिम्मत हारी

सबकी आँखों में उजास था
कोई वहाँ क्रिकेट नहीं था
सट्टा के शेयर-वेयर का
खुलने वाला रेट नहीं था

वो तो पब्लिक के तेवर थे
गुंडों की हो गई धुनाई
पुलिस सहमकर अलग हट गई
उसने अपनी जान बचाई !

अलाव / अप्रैल, 91

बुढ़वा मंगल

गनीमत है विगत दीपावली
सकुशल निकल गई
भवानी अन्नपूर्णा के दरबार में
अन्नकूट पर कोई पाबन्दी
नहीं लगी थी गनीमत है !
गनीमत थी, दस-पाँच
जोड़े ही कीमती जूते
गायब हुए थे
पंडा पुत्रों का इन्तजाम
बेहद पुख्ता था
दर्शनार्थी जूता-चोर
लगभग निराश ही लौटे...
अबकी बाबा की नगरी में
मु० म० जोशी की अन्तर्यात्रा वाला
मोर्चा जमने वाला है
'बुढ़वा मंगल' के बाद

सितम्बर, 91

भारत-रत्न

चरम सीमा पर
पहुँच गया है
दारिद्र्य विवेक का...
सौ सौ प्रतिमाएँ
जाग पड़ी थीं
म्यूजियम सारे के सारे
भास्पर थे, मुस्कान में खिले थे
—राम और कृष्ण
—गौतम बुद्ध और महावीर
—सभी में आ गयी थी जान
ये सब के सब 'भारत रत्न' थे
समूचा विश्व
नये सिरे से नतमस्तक था
स्वामी दयानन्द तक हैरान थे
स्वर्ग लोक में
मिश्रित प्रतिक्रिया थी
उनके अपने-अपने प्रिय ऋषि-मुनि
अब तक 'भारत रत्न' नहीं
हुए थे घोषित
गजानन गणपति ढुंढिराज
काशी में बैठे थे

अब तक क्यों भला
लखनऊ-शिमला-भोपाल ने
लम्बोदर के लिए
'पद्म विभूषण' तक की
सिफारिश नहीं भेजी थी
महामहिम राष्ट्रपति के पास !

25.1.92

औघड़-मलंग

श्लील-अश्लील के खयालों को
परे झटक दे बरखुर्दार
जभी तो होगा तू
औघड़,
जभी तो होगा मलंग
दर्म्यानी दर्जे का फक्कड़,
कभी औघड़ नहीं होगा
हाँ, वो भाँड़ भले हो जाए
उसके दोस्त उसे
जरा ढंग के पहनावे में
सजा-सुजूकर
अपना वर्गीय मनोरंजन
भले कर लें
लेकिन औघड़ तो उस पे
बार-बार थूकेंगे
वजनी गालियाँ देंगे
भगा देंगे दूर
बहोऽऽऽत दूर—जा स्साले, उस दर्बार में जा !
पटना जाऽऽ
लखनऊ जाऽऽ
चंडीगढ़ जाऽऽ,

जाऽऽ भोपाल जाऽऽ
जैपुर जाऽऽ
ऊँट-गाड़ी पर
सारंगी बजाते हुए
उस गुलाबी नगर की
परिक्रमा करियो !
जैपुर से निकलने का
जी न करे तो
भोपाल भाग आना
खट्टे-मीठे सपने परेशान करें
फिर तो भा० भ० से कहना होगा
हुजूर, इस गरीब को यहाँ
एक कुठरिया अलाट कर दो
जी हुजूर,
यह हँसोड़ है
आपकी तबीयत खुश कर देगा !

8.2.89

सर्वोदय सिंह

कोई कहे तो !
मैंने किसका कल्याण नहीं चाहा
दर-असल मेरा नाम ही
'स' सिंह है ! नहीं, नहीं —
'सकल नाराण सिंह', नहीं,
सर्वोदय सिंह हूँ अब मैं
सवा करोड़ का फिक्स डिपोजिट
पच्चीस पच्चीस लाख के पाँच
हजार हजार प्राइमरी स्कूलों में
मैं दीवार घड़ी सप्लाई करवा
चुका हूँ...
आसानी से बिल पास करवा लिए हैं
—2,5,10,50 और 100 के
नोट हमेशा बैग में रखता हूँ
सेक्रेटरियट और बोर्डों के
चपरासी से लेकर बड़े बाबू तक
सभी को धन्य-धन्य करता रहा हूँ
तभी तो मित्रों ने मेरा नाम
'सर्वोदय सिंह' रख लिया है !
शिमला, नैनीताल, राँची, पंचमढ़ी में
मैंने दो-दो कोठियाँ बनवा दी हैं

जन-जन के हित में ही मोटा होता गया हूँ
अब मैं वो सकल नराएन नहीं
मैं सर्वोदय सिंह हूँ
अगले वर्ष 'पद्‌म श्री' हासिल करके रहूँगा
देख लीजिएगा बिरादर !

14.2.92

न तीन में, न तेरह में

हाँ, मैंने उसकी पिटाई कर दी !
हाँ, मैंने उसका चश्मा छीन लिया
हाँ, वो जिन्दगी भर याद रखेगा
बुढ़ऊ ने मुझे सरे आम पीटा
बुढ़ऊ ने मेरे सिर के बड़े-बड़े बालों को
गुस्से में नोचा
जी हाँ, इस बूढ़े ने उस रोज
उसकी ऐसी-तैसी कर दी !
दस जने चश्मदीद गवाह हैं...
वे उसे वहाँ से हटा नहीं लेते
तो मैं जरूर ही अपनी चप्पलें
उसकी पीठ पर तोड़ डालता !
जी हाँ, वोऽऽऽ, वोऽऽऽ ही, जी हाँऽऽऽ
'चालू' नीयत का महा-अपोर्चुनिस्ट...
चूहा-गोत्र का वो विभ्रान्त प्राणी
ट्यूशन-जीवी...
सभी पर रिमार्क कसता रहता है
वो 'प्रगति' भी है, जनवाद भी है वो
नव जनवाद भी
तीसमार खाँ,
मेरुदंड हीन नकारा जीव...

छछूँदर कहिए
चूहा कहिए
वो लेकिन अपने को
प्लेखानोव से इंच-भर भी छोटा नहीं मानेगा
उसने हमारे 'शिविर' को
हमारे आयोजन को गाली दी थी
आहिस्ते-से कहा था :
'अरे, यह भी तो
सेठिया फंक्शन था न !
हाँ, बाबा आ गए थे
बाबा को भला क्या मालूम
यहाँ के बारे में
बाबा को फाँस लियाऽऽ
हाँ, शिविर-फिविर क्या था
—सेठिया समारोह का ही रूपान्तर था'...
स्साले !
मैं तेरी जीभ काट लूँगा !
तुझे वापस अपने गाँव पार्सल कर दूँगा !
तू समझता क्या है अपने को ?
न तीन में, न तेरह में
न कवि, न कथाकार, न निबंधकार
बस धीमी फुसफुसाहटों का कला कुशली !

17.1.85

बच्चो, जयहिन्द

उसने बोलना
शुरू किया कि
बच्चे खिलखिला पड़े...
टूटे दाँतोंवाली
यह उद्घोषिका
बच्चों को यों भी
शुरू में ही हुलसित कर देती
'चुनमुन' समुदाय आपस में
इस उद्घोषिका की
पोली आवाज की
खिल्लियाँ उड़ाते रहते थे
—दस वर्षीय
एक 'चुनमुन' ने कहा—
जाने कब इस बुढ़िया से
हमें छुटकारा मिलेगा!
दूसरी बोली—टी० वी० में तो
हमेशा ताजा चेहरे और
मीठी-खनकती आवाजें और
मीठी चितवनों वाली आँखें
सामने आती रहती हैं...

तीसरा चुनमुन बोला
—आकाशवाणीवाले
फिसड्डी हैं...
इस पर सभी चुनमुन
खिलखिला पड़े !
आखिर में एक ने कहा —
"बच्चो, जयहिन्द !"

23.9.88

इत्र-मिलन

इत्र-मिलन
मित्र-मिलन
चित्र-मिलन
पवित्र-मिलन
हुँ, हुँ, अ-पवित्र-मिलन
चरित्र-मिलन ?
जी हाँ, सब-कुछ...
दुश्चरित्र-मिलन
थोड़ा-बहुत
सच्चरित्र-मिलन
कुल मिलाकर
इत्र-मिलन

11.10.79

लमही से भागे प्रेमचन्द

आ जुटे अचानक गुपचुप ही
कुछ नाम-उछालू गर्जमन्द
दौड़े शब्दों के सौदागर
दौड़े शिल्पों के नटनागर
पंडों ने घेर लिया घर को
लमही से भागे प्रेमचन्द

जिनको अन्दर से नफरत थी
लाइन में वे भी खड़े दिखे
आहत दलितों के शोणित से
ध्वज-पट पर निज निज नाम लिखे
चन्दाखोरी में महा-मस्त
भागे आए फिरकापरस्त
जिनके दादा ने, नाना ने
उस कथाकार को पीटा था
जिन दुष्टों ने बदनामी की
कीचड़ में उसे घसीटा था
वे सबके सब भागे आए
कुछ मतलब था, आगे आए
यजमान ट्रकों में ले पहुँचे
क्विंटल के क्विंटल कलाकन्द
पंडों ने घेर लिया घर को
लमही से भागे प्रेमचन्द

6.8.80

शताब्दी-समारोह

दिन है –
शताब्दी-समारोह के समापन का
दिन है –
पंडों की धूमधाम का, विज्ञापन का
दिन है –
प्रतिबद्धता के व्रत-उद्यापन का
दिन है –
धान रोपने का, सावन का
दिन है –
स्मृतियों की सरिता में प्लावन का

6.7.80

कौन हाँफ रहा है ?

यह कौन हाँफ रहा है ?
किसका दम घुट रहा है ?
अरे, अरे, मैं पहचानता हूँ
दूर से ही सही
मैंने बार-बार
उसके पैरों की आहट सुनी है
जी, मैं उसे पहचानता हूँ
वो सोशलिज्म है
वो कम्युनिज्म की तरफ
तेजी से बढ़ा जा रहा था
हाय, बीच रास्ते में ही
इसका दम क्यों फूलने लगा ?
क्या वे कोलखोज यक्-ब यक्
ऊसर हो गए ?
सामूहिक कृषि-फार्म के
गेहूँ तो हम तक भी पहुँचे थे
दूर-ग्रामांचल में, 'तरौनी' गाँव तक
सोव्रवोज वाली सुनहली फसलों की खुशबू
मेरे ग्रामांचल की आबोहवा में भी
जाने कितनी बार फैली है...

यह सब कुछ तुम्हें बतलाएँगे
कामरेड चतुरानन-झा !!
साथी श्यामलकिशोर
आप बतलाओ,
वे कोलखोज क्या अब
बालू ही बालू रह गए
क्या सचमुच रूस के लोग भूखे-प्यासे
दिन पर दिन गुजारते हैं अब ?
'पेरेस्त्रोइका' क्या हुआ !
'ग्लासनोस्त' शंख-नाद का क्या हुआ !
कामरेड गोर्वाचोब सच-सच बतलाओ—
सोवियत-भूमि में इन दिनों
क्या कुछ कर रहे हैं लोग ?

2.12..90

वज्रसार पाषाण

यह भी होना था
वो भी हुआ
यह भी होना था
करुणा की शीतल छाँह में
नाच रहे हैं प्रमत्त पिशाच
कहाँ गया तुम्हारा शासन
कहाँ गया तुम्हारा अनुशासन

यत्र-तत्र दिखाई पड़ रहे हैं
डाकू अंगुलिमाल के अनुचर
नित्य-नियमित तुम्हारी सूक्तियों का
प्रवचन
होता है वहाँ अब भी पारायण
चीवरधारी भिक्खु
उनके संघनायक महास्थविर
निरन्तर आशीष बरसाते हैं
अंगुलिमाल के सैनिकों पर
क्या तुम भी उनके साथ हो ?
कैसे अभागे हैं तमिल
तुम्हारी करुणा का एक बूँद भी
प्राप्त नहीं हुआ उन्हें !

अभागे तमिलजनों को
एक बूँद भी नहीं मिला
नहीं प्राप्त होगा
एक बूँद भी !

तुम पत्थर हो...
वज्रसार पाषाण...
हाँ, तुम सीमेंट बनते हो
बहुत बढ़िया शिला चूर्ण तैयार होता है
तुम्हारे खण्डों से...
हाँ ! हाँ ! जलने दो उनकी बस्तियाँ
उजड़ने दो उनके घर-बार
अर्धदग्ध तमिल शिशु
परितृप्त प्रदान करें गीधों को
कुत्तों को...
कौओं को...
तुम तो बस इसी तरह
देखते भर रहना !
तुम सचमुच निर्लिप्त हो क्या ?
हमें तो अति लिप्त दिखते हो !
ऐसी-तैसी करवा रहे हो
अपनी करुणा की...

जनवरी, 86

एक क्रांतिकारी

टी० वी० पर एक 'क्रांतिकारी' को
देखकर
एक बंधु बोले
क्रांति के इस मसीहा का
अन्त कैसा होगा ?
प्राण जब छोड़ देंगे इनकी काया
सुलग उठेगा क्या अपने आप
यह ढाँचा इनका
क्या होगा इनकी हड्डियों का ?
निकलेंगे इनसे
अणु आयुध विप्लव के
निर्मित होंगे स्तूप-महास्तूप
अस्थि-धातुओं पर
विशाल-महाविशाल वे स्तूप
आगामी शताब्दियों में
कहलाएँगे क्रांति-चैत्य
नगर-नगर, ग्राम-ग्राम
पहाड़ों की चोटियाँ, छोटे-बड़े टीले
नदियों के संगम
समुद्र के कूल-कछार
चमका करेंगे दूर-दूर तक

विप्लव के स्तूपों से
टाँगे जाएँगे उन महास्तूपों के गिर्द
एक-एक क्विंटल के पीतल वाले घंटे
जला करेगा मनों कपूर

रक्त-क्रांतिकारी प्रखर-प्रबुद्ध-तरुण
प्रच्छन्न भाव से करेंगे वहाँ चाकरी
अभिनव मठाधीश
दुहरी-तिहरी मुस्कानोंवाला
शासकीय प्रशासक
देंगे सुरक्षा
उन प्रच्छन्न विप्लवी तरुणों को
संवर्धन रहेगा जारी
लोहित-धर्मी शिशुओं का
उत्तप्त वर्ग बोध से लैस
कुलीन बालखिल्य
बड़े होते जाएँगे
बनते जाएँगे दिनानुदिन
प्रखर पक्षधर 'सर्वहारा' के
सीख लेंगे अनायास
कमाऊ सहचरियों के 'पालतू' होना
महसूस करेंगे वे अपने को
'मुक्त-महामुक्त'

चाहे जिसको गालियाँ देंगे
चाहे जिसको उछालेंगे
अकेले में –
आदमकद आईने के सामने

काम निकाल लेने की
अपनी चतुराई पर
आप ही आप मुस्कुराएँगे
अँगूठा दिखलाएँगे अपने आपको
क्षणभर बाद ही ठहाके लगाएँगे
जला लेंगे मोटा सिगार केरलीय

निकल आएगी बाहर अकबकाकर
प्रेयसी-प्रथमा, द्वितीया, तृतीया...
या कि पंचमी, सप्तमी या कि नवमी
अपने प्रसाधन-कक्ष से !
रिपीट करेगी हल्की चीख को
अपने उस अनमोल रणन-वणन को
वो आहिस्ते-आहिस्ते बार-बार
करेगी रिपीट...

फिर वो भोला-भाला
प्रतिभा-पुत्र, अल्ट्रा लेफ्ट
एंग्रीयंगमैन
फ्रेंच कट दाढ़ी वाला
फिल्मी लहजे में अपने कंधों को
झटकाएगा
झटकाता रहेगा थोड़ी देर तक
और फिर
चुपचाप मुसकियाँ फेंकना शुरू करेगा
और फिर
भौहों-गालों-होठों में
भर लेगा सिकुड़न की खाइयाँ

और फिर
बड़े-बाप की वो अल्ट्रा मॉडर्न बेटी
सिहरन के मारे
पसीना-पसीना हो उठेगी
और फिर...
फिर तो वो प्रतिभापुत्र
छोकरी को मीठी फटकार झाड़ देगा—
कैसी टिमिड हो तुम भी !
सच, तुमने तो ग्राम पुत्री को मात कर दिया !
सच, तुम इतनी डरपोक हो ?
अब तो मुझे दस दफे सोचना पड़ेगा
तुम्हारे बाप की इस आलीशान कोठी की तरफ
अपने डग बढ़ाते !
छिः, रोती है
जरा-सी बात पे...
मैं माफी चाहता हूँ !
फिर कभी भी मैं ठहाके नहीं लगाऊँगा
तुम्हारे बाथ-रूम में...

14.7.77

माखनी कमान को

थम थम थम थम थाऽऽम !
छम छम छम छम छाऽऽम !
ये क्या हुआ है आसमान को
ये क्या हुआ है चान्द के
माखनी कमान को ?
फिफ् फिफ् फिफ् फीीीी...
पुप् पुप् पुप् पू॒॒॒॒
लल् लल् लल् लाााा
ये कौन लगा गया धुन
मे`````रे````` माऽऽऽन को
ये क्या हुआ है आस्माऽऽन को ?
ये क्या हुआ है चाँद केऽऽऽ
माखनी कमाऽऽऽन को ?
थम थम थम थम थाऽऽऽम...
छम छम छम छम छाऽऽऽम...

16.7.77

जगमग दीप जले

जगमग दीप जले !
मीठी लौ की सहज तेल से
तम की बरफ गले
    जगमग दीप जले !
घर घर में आँगन में शुभ-सुषमा
    मचले
छीना-झपटी की यह बिजली मन को नहीं छले
हो न तनिक भी कभी अँधेरा अपने दीप तले
    जगमग दीप जले !

योगी / अक्टूबर, 52

समझ गया मैं तेरी माया

देख चुका हूँ मैं ज्योति निराली
अंधकार में ठोकर खाकर
गिरते पड़ते ऊपर जाकर
बैठ हिमालय की गोदी में
मैंने तेरी झाँकी पा ली
मृगतृष्णा के पीछे पड़कर
रहा भटकता प्रभु जीवन भर
रात गई अब हुआ सबेरा
दीख रही पूरब में लाली
साध्य एक पर साधन बहुबिध
इष्ट एक, आराधन बहुबिध
समझ गया मैं तेरी माया
है कितनी उलझाने वाली
देख चुका मैं ज्योति निराली

कल्याण / दिसम्बर, 41

जेठ मास

गुजर गया आधे से अधिक जेठ मास
पंक्तिबद्ध पुष्पित खड़े हैं अमलतास
दूर से तो दिखते हैं पीले-पीले उदास
छिपाये नहीं छिपता अन्दर का हुलास
फूल होंगे सौ हजार, पत्ते, ओफ्फो, सौ-पचास
गुजर गया आधे से अधिक जेठ मास

5.5.84

बरसात

विस्थापित होते हैं
बरसात में
कीड़े-मकोड़े
खिसकती हैं चट्टानें
शीला वृष्टि के
उछलते हैं रोड़े
गरजते हैं बादल के
घोड़े
हम भी मात्र
दर्शक रह जाते हैं
थोड़े !

10.9.86

मेत्तोक् मेत्तोक् मेत्तोक्...

मेतोक् मेतोक् मेतोक्...
मैं तो तुम्हें पुकारूँगा अब
मेतोक् कह के
नया नाम सुनकर तुम चौंकीं
मेतोक् मेतोक् मेतोक्...
मेतोक् मेतोक् मेतोक्...

पूछा मैंने सहज भाव से—
"क्या होता है 'मेतोक्' माने ?"
"तिब्बती भाषा में 'मेतोक्' क्या होता है ?"
भोट-देश की रहनेवाली
सहज सुन्दरी
मध्यवयसी
लम्बी-सी वो महिला बोली—
'मेतोक्' माने फूल !
फूल ही तो होता है 'मेतोक्' माने...
क्यों बाबाजी, ठीक बताया ?

"तो, मेतोक् ही नाम तुम्हारा रहा आज से !"
ढेर-ढेर सा हँसने वाली वो 'सुरजीत'
नामवाली हिमाचली भोट नस्ल की
मध्यवायसी बोल उठी –
"मेतोक् मेतोक् मेतोक्..."

4.4.81

एक पत्र

सागर की प्रशान्त तरंगों से
बोलो :
(जब वो अच्छे मूड्स में हो)
"तुम्हारा एक चहेता
तुम्हें सलाम भेज रहा है !
बार-बार अपना शीश झुकाकर
वो तुम तक अपने आकुल चुम्बन
पार्सल कर रहा है !!
"तुम्हारे सैकत पुलिनों की मृदु उष्मा
मैं ही पहुँचाती रही हूँ उस कवि तक...
अपने लाड़-प्यार, अपना दुलार
अपनी स्नेहिल थपकियाँ
फिलहाल मेरी ही मार्फत
वहाँ तक पहुँचने दो !
"सच, मैं, शैला पाप्पू—एक युवती
तुम्हारी तरफ से अर्जुन नागा को
दावत दे आई हूँ !
प्यारी सहेलियों, तुम्हें मालूम है भलीभाँति
गत वर्ष हम उत्तर भारत गए थे
वहीं तो वो हमें मिला था...

विश्वविद्यालय के कैम्पस में
थोड़ी देर हम दूब पर बैठ गए थे
गर्मागर्म चाय चली थी...
"वयोवृद्ध कवि बीच-बीच में
खाँसता जाता था
लेकिन उसकी आँखों में चमक थी !
मुझे लगा कि वो बुढ़ापे को
सरे-आम अँगूठा दिखला रहा है !...
"तो, उत्तर भारत का वो कवि
तुम्हें सलाम भेज रहा है...
अपने आकुल-चुम्बन उसने तुम्हारे लिए
मेरी मार्फत पार्सल भेजा है..."
सागर की प्रशांत तरंगों से
तुम और भी बहुत कुछ कह सकती हो !
शैल, ढेर-सारी बातें
तुम उन्हें मेरी तरफ से बतला सकती हो...

सार हो तुम

कौन हो तुम
अग्निगर्भी इंगितों में
अति-मुखर हो, मौन हो तुम !
प्रबल बड़वानल सँजोए—
उर-उदधि में, कौन हो तुम ?
मौन हो तुम

सार हो तुम
अवनि की अकुलाहटों के !
तार हो तुम,
सन्त बुनकर के पटों के !
सेतु हो,
दोनों तटों के !

8.10.82

इस चिनगारी को

आ जा !
जल्दी आ जा !
बुझने को है यह
तू इसमें फूँक मार
इसे एक प्रचंड अग्नि होना है
यह काम तो तू ही कर सकेगा
मुझ में अब दम नहीं है रे !
खाली चिनगारी यहाँ भला क्या करेगी
फूँक मारकर
इस चिनगारी को
तू 'दावानल' बना डाल !!

21.3.82

मेरे जादू से

आज
वर्तमान हूँ
कल 'विगत' कहलाऊँ
परसों मुझे अतीत कहेंगे
और ?
अगले दिन पत्थर बन जाऊँ शायद !
पुरातत्त्व में शामिल कर लिया जाऊँ शायद !
नहीं, नहीं, नहीं
मुझे ले चलो उठाकर
अभी, अभी, अभी...
घास-फूस के नीचे दबाकर
फूँक देना मुझको...
राख बनकर
उड़ती फिरूँगी
मेरे जादू से
धरती उर्वर होगी

30.6.82

बूढ़े हैं, बीमार हैं

शासक दल से साँठ-गाँठ है, बूढ़े हैं बीमार हैं
इनसे क्या उम्मीद, यहाँ तो सभी साठ के पार हैं
अजी आपने बुला लिया है, यों तो हम बेकार हैं

बकने की लत छूट चुकी है, बूढ़े हैं बीमार हैं
आपस में कुछ कह-सुन लेंगे, सभी साठ के पार हैं
हाकिम ही तो गुणी जनों के दिलवर हैं, आधार हैं

13.8.84

निभृत निर्जन में

लूटिए चिन्तन-सुख निभृत निर्जन में
आने न दीजिए वृथा विकल्प मन में
अति अधिक अभिरुचि रखिए न धन में
कभी कभी कुफल भी चखिए जीवन में
लूटिए चिन्तन सुख निभृत निर्जन में

21.8.84

इत्ती निर्लिप्तता नहीं चाहिए

नहीं, नहीं, नहीं...
इत्ती निर्लिप्तता नहीं चाहिए !
नहीं चाहिए ठंडी छाहों का इत्ता बड़ा दायरा !
बिल्कुल नहीं, नहीं, बिल्कुल नहीं !!
कहते हैं—"इनकी उम्र
सात सौ वर्षों से ज्यादा की होगी..."
बाप रे सात सौ वर्ष !
खीर-भवानी इनसे कुछ ही बड़ी है...
वे दो-एक नहीं, पन्द्रह-बीस रहे होंगे...
हिमा ने बतलाया—"नहीं, ये हजार साल पुराने हैं।"
"नहीं", पवित्रा बोली, "नहीं, साढ़े आठ सौ साल के हैं ये !"
मैंने जानना चाहा—"और
वो कौन हैं, कहाँ हैं, जिनकी उम्र
सौ-पचास वर्षों से ज्यादा की न हो !"
"वो, उधर किनारे-किनारे जो हैं"
—हिमा ने कहा...

टिफिन के डब्बों से वो निकाल रही थी
परांठे और गोश्त और कड़म का साग...
दोनों खीर-भवानी का पूजन करके लौटी थीं

'दर्शन' तो खैर मैं भी कर ही चुका था !
इन्दोरानी का आग्रह जो था !

लेकिन मैं तो दंग था
उन महा-महा बुजुर्गों की
कालातीत निर्लिप्तता से !
माता खीर-भवानी के उस विशाल प्रांगण में
कम-से-कम बीस पच्चीस चिरजीवी चिनार तो होंगे ही
इतनी ज्यादा तादाद में
इतने अधिक वृद्धातिवृद्ध वनस्पति
मैंने कहाँ देखे थे भला
कब देखे थे !
बिलकुल नहीं देखे थे !!

"क्या देख रहे हो" हिमा ने टोका—
"खाना तो खा लो पहले !"
और 'चढ़ावे का पेड़ा' ठूँसने लगी इस मुँह में...
"पता है, मीठा तुम्हें पसन्द नहीं है...
मगर, ये तो लेना पड़ेगा
वर्ना मइया नाराज होंगी, हाँ !"

तोड़कर जरा-सा पेड़ा ले तो लिया
मगर मेरी निगाहें ऊपर व इर्द-गिर्द
उन बुजुर्गों में ही उलझकर रह गयी थीं !
बाप रे, 700 वर्ष ! 850 वर्ष ! 1100 वर्ष !!
इत्ती अधिक उम्र होती है चिनारों की !!...
दर-असल मैं देर-तक उन्हीं में खोया रह जाता

अगर हिमिया परांठा तोड़-तोड़कर
मेरे मुँह के हवाले न करती गई होती !

"लो, नींबू का अचार भी
तुम्हारी इन्दोरानी ने टिफिन के अन्दर
डलवा दिया था...
लो कित्ता ख्याल रखती है तुम्हारी सुपुत्री
अपने मुँह बोले पापा का !...
लो, पहले खाना खा लो अब
फिर इन चिनारों का एक-एक पत्ता गिन लेना !!...

25.8.82

हम फिर से

हम फिर से
पुरानी गुफाओं के अन्दर
पहुँच गए हैं...
हमने अपने अपने
दाँत-नाखून-पंजे
फिर से पैने कर लिए हैं
विगत युगों के
जान-लेवा जीवन संग्राम
फिर से वापस
ले आए हैं हम...

30.10.79

भाऊ समर्थ

लगातार
सत्तर घंटे
भाऊ की पलकें
खुली रहीं
मोना परेशान थी
बार-बार
(डाक्टर को बुलाकर लाई)

पाँचवें दिन
डाक्टर आया तो
भाऊ को बेहद
प्रसन्न मुद्रा में पाया
—"मोना तू नाहक परेशान है
तेरे नानाजी को कुछ नहीं हुआ है !
मोना, बस
तू अपने 'आजोवा' को
नींबू वाली चाय
पिलाती चल !
हाँ, तू स्कूल से
हप्ता भर की छुट्टी ले ले "

भाऊ की बड़ी-बड़ी आँखें
और कुछ बड़ी लगती थीं...
"लगता है तुम पिछली रात
अच्छी तरह सोए हो
भाऊ ! तुम्हें और सोना है
चाहिए तुम्हें अब आराम..."

5.2.92

वह एक दीवानापन

जन जन के गले से
निकलती थीं
अनमोल गीत पंक्तियाँ
तुम उन्हें चुनने जाते थे
वह एक दीवानापन था
सयाने थे कि तुम्हें सनकी कहते थे
मगर, तुम्हारी वो सनक रंग लाई
पाँच-पाँच नदियों ने सन्देशा दिया
सातों समुद्र चंचल हो उठे
ज्वार आया उनमें
जगह-जगह गश खा गई
टेलिप्रिंटर और टेलेक्स की मशीनें
विश्व कवि रवि हो उठे पुलकित
मुदित हुए महामनीषी रोम्पा रोलां
सच सच बतलाओ
वो तुम्हीं थे क्या ?

23.4.91

मेरे स्वजन

इस निभृत-एकान्त में
क्यों स्वजन आते याद ?
चाहता हूँ—
बस, उन्हीं से
हो अभी संवाद !
किन्तु
सोचना है मुझको
होगा कौन
मेरा स्वजन आज !
नहीं आए काम
शायद पुराने अन्दाज
क्योंकि
मेरे स्वजन हैं
फैले हुए सर्वत्र

5.11.75

इसलिए तू याद आए !

घोर निर्जनता न मुझको काट खाए,
चाहता हूँ इसलिए तू याद आए !
गोद के शिशु से मुखर जीवन तुम्हारा
भुला दे इस पथिक का परिताप सारा !
उतर स्मृति पट पर कि उर पर हाथ धरकर,
अमृत गर्भा उँगलियों से घाव भरकर,
मुक्त कर जा मुझे मर्मान्तक व्यथा से
सुला जा हरकर हृदय लम्बी कथा से।
पला तक ही सही, पर कर बद्ध होकर
खड़ा हूँ सखि, आँसुओं से आँख धोकर।
आह, यदि इन धुली आँखों में तुम्हारी
नाचने लग जाए छवि कल्याणकारी !
फिर यहाँ से और आगे बढ़ सकूँगा;
हिमालय के तुंग शिर पर चढ़ सकूँगा।
ये विकट पगडंडियाँ, ये झूलते पुल;
ये भयानक घाटियाँ, चिर-तुहिन संकुल।
सामने यह मृत्यु की प्रत्यक्ष छाया;
निबट लूँगा सभी से हे योगमाया !
साथ हो केवल मधुर मुस्कान तेरी,
ले सकेगा कौन जग में जान मेरी ?
दिवस हो दुर्दिवस, रातें हो अँधेरी;

परिस्थिति हो विषम, तो भी सजनि मेरी—
चाल धीमी कभी यह पड़ने न पाए;
चाहता हूँ इसलिए तू याद आए !

गगन में नक्षत्र, वन में फूल देखा—
तब हृदय में हँस पड़ी थी पत्रलेखा।
स्मरण आया मुझे अपनी सहचरी का,
विरह वर्णन पढ़ा जब कादम्बरी का !
अभिज्ञात शकुन्तला का ध्यान आया—
तब वियोगिनी, मैं तुम्हें पहचान पाया।
गोद में शिशु, सजल नयने कौन हो तुम ?
दीखती हो स्वप्न में, क्यों मौन हो तुम ?
महत्त्वाकांक्षा तुम्हें ही भूल करके
पूर्ण होगी, इसी से मैं फूल करके—
अकेले ही नाव खेने जा रहा था;
सफलता का श्रेय लेने जा रहा था।
किन्तु तेरे बिना सखि, मधुकोश मेरा—
हो चला है रिक्त, यह सब दोष मेरा।
पिला दो जीवन सुधा, दो-एक मात्रा
स्मित मुखि, फिर कर सकूँ आरम्भ यात्रा
स्वप्न में ही सही, तुम फिर मुस्करा दो;
अमृत की दो बूँद इस मुँह में गिरा दो !
अनमनापन नहीं इस मन को सताए;
चाहता हूँ इसलिए तू याद आए !

वि० भारत / जनवरी, 45

आदरणीया जी

अपनी आदरणीया जी के
झूलते कानों से
अपना य' फीका होठ
भिड़ाकर
मैं फुसफुसाया—
'अब ये सब कैसा लगता है !'
बुजुर्ग अभिनेत्री की भंगिमा में
आदरणीया जी
तनिक परे सरक गईं
'हटोऽऽ
वो क्या कहेगीऽऽ'
अपनी तेरह साला पोती
अभी अभी
लौटी थी स्कूल से
बस्ता पटककर
उधर जूते मोजे उतार रही थी
—'दाऽऽदीऽऽ
भूख के मारे
जान निकल गई रेऽऽ
आज क्या सब्जी थी ?'
अपने भावोद्वेलन में

मैं यह भूल ही गया था
कि स्कूल से लौटने का
वक्त हो रहा है उसका
अपनी वह लाडो रानी
किचन के अन्दर जाकर अब
खुद ही खाना निकाल रही थी

इधर से दादी ने टोका—
'बिना हाथ-पैर धोए!
हे भगवान्
इस लड़की को कब अकल आएगी
ताड़ जितनी लम्बी हो गई!'
—'तो मैं खाना भी न खाऊँ ?
प्लीज, दादी माँ
दो मिनट बाद...
अरे हाँ, मैं तेरे लिए वो लाया हूँ
तेरी ब्लाउज के लिए,
हुक लाई हूँऽऽ...'
मुँह के अन्दर
दाल-भात ठुँसे थे
आवाज साफ नहीं आ रही थी

दादी चारपाई पर लेट चुकी थी
बोली—'बैंगन का भर्ता
कैसा बना है ?'
पोती बोली—
'भर्ता-फर्ता
तुम्हीं लोगों को भाता है

अपन तो आलू-गोभी पर
जान देते हैंऽऽ
दादी माँ, तुम्हें क्या-क्या
अच्छा लगता है ?
प्लीज, दादी माँ
बताओ तो जरा...'
भरे थे मुँह में दाल-भात उधर
और इधर
आदरणीया जी
अर्थात् पोती की दादी माँ
लेट चुकी थीं चारपाई पर

8.2.89

गुस्से का काला नाग

जाने कितने वर्षों बाद
आज शाम
हम पर
काले साँप का हमला हुआ
यानि
आज शाम
सवा सात बजे
हम पे गुस्से का हमला हुआ !
रिचा का एग्जाम था,
दो पर्चे थे
उसे 6.30 तक तो लौटना ही था...
मगर वो वापस आई
7.15 पे
आते ही बोली—
"आप परेशान हुए नाऽऽऽ..."
और हँसने लगी...
बोली—"सर को एक बात
समझाती रही...
समझाती रही—
और समझाती रही...

इसी में देर होती गई..."
और फिर थकान में घुली
हँसी, और हँसी...
और फिर गुस्से का काला नाग
—लहराता हुआ 'करैत' साँप
मेरी तरफ दौड़ा
तीन-तीन बार उसने मुझे डँसा
और मैंने
रिचा के सर के बाल पकड़े
उसे दो-तीन तमाचे लगाए...
वो हक्का-बक्का,
बैठ गयी...

पापा ने कहा,
यानि रिचा के पिता
शोभाकान्त
गम्भीरतापूर्वक बोले—
"यह इस लड़की को
आपकी आशीष ही मिली है,
यह बुद्धू याद रक्खेगी
आजीवन
ता-हयात,
अपने बूढ़े दादा की दुआ
अगर इस गधी को याद रही
तो, इसका सब-कुछ
सुधरेगा...

10.6.93

अपना घर : तीन चित्र

जी तरसता है
बार-बार तरसकर रह जाता है
घर के लोग
भुने हुए चने चाबते हैं
चाबते हैं चावल भुने हुए...
अपन तो बस सत्तू ही सत्तू
माफिक आता है !
कमजोर दाँतों वाला बुढ़ापा
तुझे लानत है ! जय हो तेरी !!

थोड़ी-थोड़ी देर बाद
आम चूसने को मिलते हैं
तीन-चार आमों से ही जी भर जाता है
बीजू (तुख्मी) आम पंचोभ से
सुप्रीता लाई थी न !
यह अनूठा रसायन है इस मौसम में !
आगे दस-एक रोज यही चले...
यही चले तो दरभंगा, तेरी जै-जैकार—
करता हुआ दिल्ली पहुँचूँगा !

कौन कहेगा—
'क्या रक्खा है दरभंगा में ?'

कोलाहल बच्चों का
शिशुओं का शोर गुल
किशोरियों-किशोरों की कानाफूसी
सयानों की डाँट-डपट
बूढ़ियों-बूढ़ों की खट- मिट्ठी खीझ
सब कुछ अच्छा लगता है—
यदि अपना मन सहज हो !

27.6.93

चन्दन

अपनी साइकिल
झाड़-पोंछ रहा है
वो किसी को छूने नहीं देता
अपनी साइकिल
यह साइकिल ही चन्दन की
प्रिय सखी थी...
वो इससे
बातें किया करता था

एक बार दो बजे रात में
चन्दन अपनी प्यारी सखी को
फटकार रहा था...
बरामदे में वहाँ फूलों के पौधे थे
कनेर की पतली टहनी से
चन्दन अपनी सखी को पीट रहा था
'क्यों पीट रहा है इसे ?
क्या कसूर है इसका ?'
'साली बहक गयी थी आज !
मुझे इसकी पिटाई करने दो
साली को बदमस्ती का मजा चखाता हूँ !
बाबा जी, इस वक्त आप मुझे मत रोको।'

चन्दन गुस्से में था...
इशारे से
चन्दन ने मुझे परे हट जाने को कहा...
रात के सवा दो बजे
सभी सो रहे थे
सरला, सुधीर, शीलू, नीलू
सभी सो रहे थे...

हम तेरे पापा की
दफ्तर वाली जीप में
चन्द्रमोहन के साथ
निकलते हैं...
अगले तीन चौराहों पर
तू दिखाई पड़ जाता है !
तेरी मुस्कान हमारा पीछा करती है...

लगा कि चन्दन हमेशा
मेरा पीछा करता रहेगा
लगा कि अपनी इसी –
प्यारी साइकिल पर सवार होकर
चन्दन पिछले महीने
पूना हो आया है
लगा कि यह साइकिल
चन्दन का साथ
कभी नहीं छोड़ती !
ना तो वो छोड़ता
ना ही साइकिल ही छोड़ती
हाय, यह साइकिल ही

चन्दन को वहाँ पहुँचा
आई है –
वहाँऽऽ...हाँ, वहाँऽऽ
जहाँ से कोई कभी
वापस नहीं आया !

आगे-आगे दो ट्रकें...
पीछे एक खटारा जीप
अगल-बगल
दो पहियों वाले
छोटे-बड़े स्कूटर
बीचो-बीच
फँस गया चन्दन
उतावलेपन में
धीरज की डोर छोड़कर
चन्दन ने
अपनी साइकिल
इधर-उधर
निकालनी चाही
किशोर-सुलभ घबराहट में
चन्दन सन्तुलन खो बैठा...

और–
और जो नहीं होना था
वो होके रहा !!

वो कहाँ गया
किधर गया वो !

अब दिखाई नहीं पड़ेगा क्या ?

चन्दन वहाँ गया
जहाँ से कभी कोई वापस नहीं आता
बारह वर्ष की उम्र थी
सुन्दर-सुरूप किशोर—
वो निरन्तर इन आँखों के सामने
मुस्कुरा रहा है !

डियर चन्दन अभिषेक,
तू, सपनों में अक्सर आ धमकता है !
अपनी बड़ी-बड़ी आँखों से
मुझे यूँ ही घूरता रहेगा—
कि कुछ बातें भी करेगा !

(वर्तमान साहित्य / जून, 1992)

अनिरुद्ध बोलता है...

भाखड़ा-नाँगल को
नए सिरे से बनाना था
अपने इस अभिनव—
प्रोजेक्ट को साकार करने के लिए
वो जर्मनी-अमरीका-रूस
इटली जैसे देशों की यात्राएँ
करने की सोच रहा था...
और अनिरुद्ध को
रात-रात भर नींद नहीं आती थी।
रात्रि-शेष में वो अपनी पलकों को
बेकाबू पाता था...

अहले-सुबह अनिरुद्ध की ममी
दूध का गिलास लेकर
उस किशोर के पायताने
क्षण भर को खड़ी होती थी...
आहिस्ते से बुदबुदाती थी—
"दूध तो पी ले बेटे!"
मगर नहीं, वो उसे उठाएगी नहीं
दूध का गिलास रखकर हट जाएगी...
15 मिनट बाद, वो शिल्पा से कहेगी—

"शिल्पी, बेटे जा तो देख के आ बेटे,
वो उठा कि नहीं
उसे दूध तो पिलाती आ, बेटे..."

वो अक्सर, चौंकाने वाले
सवाल करता—
"बाबा, तूने अपने को
बूढ़ा बन्दर कहा था ?
पड़ोस की लड़की हमसे बोली;
'कन्या विद्यालय में
भाषण-वाषण के बाद
अलग, एक कमरे के अन्दर
चाय-फाय चल रही थी
जब चाय की प्याली
खुद ही नीचे लुढ़का दी !
और, तू आप ही हँसने लगा !
और तभी
अपने को तूने
बूढ़ा बन्दर कहा !
और जरा देर हँसता रहा !
और लड़कियाँ
तब तक हँसती रहीं...
और दुबारा
तेरे सामने चाय का कप रखा गया
और तू तब बोला—
'बच्चो, मैं फिर
अपनी चाय नीचे लुढ़का दूँ ?'
नजदीक से एक मिसेज

तेरे पास आकर
तेरे कान की तरफ अपना मुँह
करके बोली थी—'बाबा जी, आप इन्हें
ज्यादा न हँसाना !'
तब आपने उल्टे कहा—
'घर के बच्चे हैं ना !'
और फिर मुस्कुराते रहे...
गनीमत थी
वहाँ कोई फोटूवाला न हुआ !
हमारी पड़ोस वाली लड़की
बोल रही थी !
हम शाम को उसे यहीं बुलवा लेंगे
वो खुद भी आपसे
मिलना चाहती है...
उसका भाई—"
इतने में अनिरुद्ध की ममी
किचन से भागती आई...
बेटे का कान पकड़ा...
यानि उसका भाई
घर से भागा था...
(शायद उग्रवादियों के
किसी ग्रुप में
शामिल हो गया था...)

उस रात—
3.35 पर
अनिरुद्ध की आवाज सुनकर
मैं जाग गया था

वो अपनी दादी से
कह रहा था —
"तू मानती क्यों नहीं ?
यहाँ रात को गेट का
पहरा क्यूँ देती है ?
अपनी छोटी-सी मंत्री
डालकर लेटी रहती है !
इस सुनसान रात में
रिक्शे-फिक्शे भी तो
नहीं चलते दादी !
आ, तू अन्दर, आ जा !"
लेकिन दादी अन्दर नहीं आती
बोलती — "अपणा क्या होणा है
जिसके माल-वाल हो
उसे ही डरना है मौत-फौत से...
बन्दे जाणते हैं —
तरसेम की माँ पगली है...
हाँ, भाई, अपण पगली सही।
अनरुद् तू नाहक मेरे पीछे पड़ा है,
जा मेरे लाल, अन्दर जा
आराम कर बेटे !"
और वो तो सममुच
सो ही जाता है...

शिल्पा की आवाज —
"बाबा, चाय रखी है आपकीीीी"
यही शिल्पा
मेरी सेक्रेटरी है आजकल !

बड़ी सयानी बच्ची है...
अनिरुद्ध बोलता है—
"भारी शैतान है
आप इसे नहीं पहचान पाओगे बाबा !"

मध्य रात्रि में
सीमान्त की तरफ उड़ते हुए
दो-एक विमान
हमें अक्सर जगा जाते हैं—
अनिरुद्ध पास आकर कहता है—
"लाहौर करीब है ना !
ये पहरा देते हैं रात को हमेशाऽऽऽ
उधर से जवाबी पहरा भी चलता है !
बाबा, तू तो पेशावर-फेशावर
बहोत पहले
घूम-धाम आया होगा ना ?
क्या फिर से दोनों पंजाब एक होंगे ?
बाबा, अपना तो दिल कहता है
जरूर एक होंगे"...

संदर्भ–

स्थान–जालंधर

काल–सितम्बर, 1990

पात्र–अनिरुद्ध, एक किशोर, जो अब नहीं रहा

2.8.93

कीर्ति का फल

अगर कीर्ति का
फल चखना है
कलाकार ने फिर-फिर
सोचा—
आलोचक को खुश रखना है !

अगर कीर्ति का
फल चखना है
आलोचक ने फिर-फिर
सोचा—
कवियों को नाथे रखना है !!

•••